Yi Jing
Das chinesische Weisheits- und Orakelbuch

Yi Jing

易经

Das chinesische Weisheits- und Orakelbuch
in einer Zusammenfassung der Witwe Cheng

herausgegeben von Melanie Koßmann

Capt. Swings
geheime Bibliothek

Bibliografische Information der Deutschen Nationalbibliothek Die Deutsche Nationalbibliothek verzeichnet diese Publikation in der Deutschen Nationalbibliografie; detaillierte bibliografische Daten sind im Internet über www.dnb.de abrufbar.

© 2021 by Melanie Koßmann (Herausgeberin)
Autor: Cheng I Sao
Übersetzung: Luna Radiscz

Herstellung und Verlag:
BoD – Books on Demand, Norderstedt
ISBN 9 783755 716594

Vorwort

Das I Ging*, das Buch der Wandlungen, ist in einer Sprache voller Symbole und Andeutungen verfasst. Es gibt auch auf Chinesisch die unterschiedlichsten Auslegungen und Kommentare. Für den westlichen Leser oft völlig unverständlich. Die Witwe Cheng hat sich selbst die Texte in knappen Versen notiert. Mit klaren Aussagen. Um diese zu erhalten habe ich in der Übersetzung auf die Versform verzichtet. Ich lege hiermit wohl zum ersten Mal in deutscher Sprache eine knappe, verständliche Version des I Ging vor. Möge der Leser seinen Nutzen haben.

Man kann das I Ging als Weisheitsbuch lesen, aber hauptsächlich wird es als Orakel benutzt. Auf den folgenden Seiten wird erklärt, wie man das Orakel befragt.

Luna Radiscz
Mulfingen, Dezember 1993

---

* I Ging ist die Umschrift der chinesischen Schriftzeichen nach dem Wade Giles System Für den Titel und die Namen der Zeichen wurde die inzwischen gebräuchlichere Pinyin Umschrift benutzt. Die Schriftzeichen wurden in der traditionellen Langschrift gesetzt.

Wie man das Orakel befragt

Man braucht für das Orakel drei Münzen. Besser keine alten chinesischen, denn man sollte leicht Kopf und Zahl auseinander halten können. Aber es ist gut, wenn die Münzen keinen Wert haben oder nur einen geringen.

Die Münzen nimmt man in beide Hände, schüttelt sie und lässt sie auf den Tisch fallen. So ergeben sich zufällige Kombinationen. Kopf zählt 3 und die Zahl 2.
Es gibt 2+2+2= 6 - 2+2+3=7 - 2+3+3=8 - 3+3+3=9.

Die 6 wird mit einem unterbrochenen Strich dargestellt. Es ist großes Yin, wandelt sich zu Yang und kommt für die Einzelbeschreibungen in Betracht. Deshalb markieren wir die Linie mit einem x. —x—
Die 7 ist kleines Yang, eine durchgezogene Linie ——— aber ohne weitere Betrachtung
Die 8 ist kleines Yin, eine unterbrochene Linie — — auch ohne weitere Betrachtung.
Die 9 wird mit einer durchgezogenen Linie dargestellt. Sie ist großes Yang, wandelt sich zu Yin und kommt für die Einzeldeutung in Betracht, die wir markieren —•—

Man wirft sechs Mal und erhält sechs Linien. Sie werden von unten nach oben gezeichnet. Der erste Wurf bildet die unterste Linie usw. bis zum letzten Wurf, der die oberste Linie ergibt.

Ein Beispiel

1. 2 x Kopf, 1 x Zahl = 8 — — (unterste Linie)
2. 3 x Zahl   = 6 —x— (zweiter Platz)
3. 2 x Kopf, 1 x Zahl = 8 — — (dritter Platz)
4. 3 x Kopf   = 9 —•— (vierter Platz)
5. 2 x Zahl, 1 x Kopf = 7 ——— (fünfter Platz)
6. 3 x Zahl   = 6 —x— (obere Linie)

Man erhält das Zeichen Nr. 45. Davon liest man den Text sowie die Einzeldeutung vom zweiten, vierten und obersten Platz.

Dann wandelt man die großen Linien um, aus Yin auf zweitem Platz wird Yang, Yang auf viertem wird Yin und Yin auf oberster Position wird Yang. Dann erhält man das Zeichen Nr. 59
Hiervon liest man nur den Text, der zeigt, wohin die momentane Situation führt. Die einzelnen Plätze kommen nicht in Betracht.

Eine Tabelle zum Auffinden der Zeichen folgt auf der nächsten Seite.

Zum Finden der Zeichen

oben ―― unten								
	1	34	5	26	43	14	9	11
	25	51	3	27	17	21	42	24
	6	40	29	4	47	64	59	7
	33	62	39	52	31	56	53	15
	10	54	60	41	58	38	61	19
	13	55	63	22	49	30	37	36
	44	32	48	18	28	50	57	46
	12	16	8	23	45	35	20	2

Inhalt

Wie man das Orakel befragt 6

Zum Finden der Zeichen 8

1 乾 Qian Das Männliche (Himmel) 13

2 坤 Kun Das Weibliche (Erde) 14

3 屯 Zhun Harte Zeiten 15

4 蒙 Meng Das Unbedarfte 16

5 需 Xu Das Notwendige 17

6 訟 Song Der Streit 18

7 師 Shi Das Militär 19

8 比 Bi Zusammenarbeit 20

9 小畜 Xiao Chu Geringe Meister 21

10 Lu 履 Der Schritt 22

11 Tai 泰 Ausgewogen 23

12 Pi 否 Der Stau 24

13 Tong Ren 同人 Team Arbeit 25

14 Da You 大有 Reichtum 26

15 Qian 謙 Anspruchslos 27

16 Yu 豫 Beglückt 28

17 Sui 隨 Folgen 29

18 Gu 蠱 Verderben 30

19 Lin 臨 Annähern 31

20 Guan 觀 Betrachten 32

21 Shi Ke 噬嗑 Durchbeißen 33

9

22 Bi 賁 Der Schmuck 34

23 Bo 剝 Die Häutung 35

24 Fu 復 Rückkehr 36

25 Wu Wang 無妄 Zweifellos 37

26 Da Xu 大畜 Große Herde 38

27 Yi 頤 Ernähren 39

28 Da Guo 大過 Übertreibung 40

29 Kan 坎 Schwierigkeiten (Wasser) 41

30 Li 離 Verlassen (Feuer) 42

31 Xian 咸 Aufeinander einwirken 43

32 Heng 恆 Ausdauer 44

33 Dun 遯 Rückzug 45

34 Da Zhuang 大壯 Große Kraft 46

35 Jin 晉 Voran 47

36 Ming Yi 明夷 Das Licht verlöscht 48

37 Jia Ren 家人 Familie 49

38 Kui 睽 Der Verstoß 50

39 Jian 蹇 Erschöpfung 51

40 Xie 解 Die Auflösung 52

41 Sun 損 Der Verlust 53

42 Yi 益 Der Gewinn 54

43 Guai 夬 Entschlossenheit 55

44 Gou 姤 Die Begegnung 56

45 Cui 萃 Versammeln 57

46 Sheng 升 Aufsteigen 58

47 Kun 困 In der Klemme 59

48 Jing 井 Der Brunnen 60

49 Ge 革 Die Umwandlung 61

50 Ding 鼎 Der Tiegel 62

51 Zhen 震 Der Schock (Donner) 63

52 Gen 艮 Aufrecht (Berg) 64

53 Jian 漸 Die Entwicklung 65

54 Gui Mei 歸妹 Die Heirat 66

55 Feng 豐 Der Reichtum 67

56 Lu 旅 Unterwegs 68

57 Xun 巽 Nachgiebig (Wind) 69

58 Dui 兌 Austausch (Niederung) 70

59 Huan 渙 Zerstreuung 71

60 Jie 節 Verbindung 72

61. Zhong Fu 中孚 Tiefes Vertrauen 73

62 Xiao Guo 小過 Etwas zuviel 74

63 Ji Ji 既濟 Nach dem Erfolg 75

64 Wei Ji 未濟 Ohne Erfolg 76

1 乾 Qian Das Männliche (Himmel)

Der Himmel ist kraftvoll und symbolisiert das Männliche. Der Himmel zeugt alle Erscheinungen und Ereignisse. Er gibt und er schützt. Ein ewiger Kreislauf. So wie der Himmel, wird ein gerechter Mensch immer stärker.

Unten Neun: Entspanne dich und bleib ruhig. Wenn du dich jetzt in Ruhe stärkst, kannst du später kraftvoll handeln.

2.Platz Neun: Du kannst hinausgehen und dein Wissen verbreiten. Die Menschen werden auf dich hören und davon profitieren.

3.Platz Neun: Du bist an einem verantwortungsvollen Platz, aber es fehlt dir die innere Stärke. Deshalb bist du am Abend voller Sorgen. Erschöpfe dich nicht.

4.Platz Neun: Du bist voller Kraft und könntest loslegen, aber der richtige Zeitpunkt ist noch nicht gekommen. Deshalb hältst du dich noch zurück.

5.Platz Neun: Du bist in der richtigen Position und hast alles, was du brauchst. Du kannst deine Arbeit vollenden und es wird erfolgreich sein.

Oben Neun: Hast du dich zu weit hinauf gewagt. Hochmut kommt vor dem Fall. Wenn du jetzt deine Fehler einsiehst, kannst du zurückkehren, ohne Schaden zu nehmen.

2 坤 Kun Das Weibliche (Erde)

Die Erde ist hingebungsvoll und empfangend. Sie symbolisiert das Weibliche. Wenn du nachgiebig bist, findest du deinen Weg. Du magst Unterstützer verlieren, aber neue finden.

Unten Sechs: Während sich alle anderen noch an der Ernte erfreuen, bereitest du dich schon auf den Winter vor. Du weißt die Zeichen der Zeit zu deuten.

2.Platz Sechs: Bist du gerade heraus und lässt dein Herz sprechen, dann folgst du deiner Natur. Verfall nicht in alte Gewohnheiten und sei offen für Neues.

3.Platz Sechs: Bleibe mit deinen Gedanken ganz bei der Arbeit. Verschwende dich nicht in der Sucht nach Lob und Anerkennung.

4 Platz Sechs: Halte deinen Reichtum, deine Fähigkeiten und dein Wissen bedeckt. Du würdest keine Anerkennung finden.

5.Platz Sechs: Du bist in bester Position. Bleibe schlicht und vermeide Arroganz. Lebe in Harmonie mit deinen Mitmenschen, dann findest du Glück.

Oben Sechs: Vermeide zu kämpfen, auch wenn es notwendig scheint. Bleibe innerlich stark und beende den Kampf. Das ist in dieser Situation der beste Weg.

3 屯 Zhun Harte Zeiten

Bewege dich nicht. Bringe niemanden in Gefahr. In harten Zeiten ist es besser, zu entwirren und zu ordnen. Werden die Gefühle der Menschen übergangen, gibt es Aufruhr. Es ist besser, Mitstreiter zu finden.

Unten Neun: Du bleibst fest und unverrückbar wie ein Fels. Aber das ist keine Sturheit, sondern innere Ruhe. Dann kannst du Helfer finden und Ordnung schaffen.

2.Platz Sechs: Sind die Zeiten verworren, melden sich die Helden zu Wort. Es ist schwer, zu entscheiden, wem man folgen soll. Halte dich an jene, die gütig sind, nicht an jene, die Macht suchen.

3.Platz Sechs: Es ist besser aufzugeben, als die Jagd fortzusetzen. Sonst verstrickt man sich immer mehr. Die Verlockung des Gewinns ist eine Falle.

4.Platz Sechs: Du bist in eine Situation geraten, wo mehr von dir verlangt wird, als du leisten kannst. Es ist keine Schande, sich bei Untergeordneten Hilfe zu holen.

5.Platz Neun: Kein Lohn in Sicht. Stelle keine Forderungen, sie bringen nur Unglück. Dieser Platz verdient großes Mitleid.

Oben Sechs: Man sollte sich zurückziehen. Hier ist keine andere Empfehlung zu geben. Sonst werden Tränen und Blut fließen. Du brauchst einen starken Willen, um diese Situation zu überwinden.

4 蒙 Meng Das Unbedarfte

Das Unbedarfte ist von schlichtem Gemüt. Deshalb fragt es zu oft. Dann bekommt es keine Antworten mehr. Aber da es von Natur aus gut ist, wird es seinen Weg finden. Dann kann es lernen und wie eine Quelle am Fuße eines Bergs wird es frisches Wissen hervorbringen.

Unten Sechs: Das Schlichte ist an sich gut, aber da es nicht selbst gewählt ist, liegt es wie eine Fessel um die Seele.

2.Platz Neun: Du bist in der Position des Lehrers. Schütze das Unbedarfte und setze ihm Grenzen. Schritt für Schritt wirst du die Schwierigkeiten beilegen können.

3.Platz Sechs: Das Unbedarfte sieht vielleicht Ruhm und Reichtum, aber nicht den Wert des Herzens. Da kann man nichts machen und spart sich die Mühe.

4.Platz Sechs: Du hast weder Lehrer noch Freunde. Du behinderst dich selbst und du kommst nicht weiter. Gib dir Mühe und löse deine Behinderung auf.

5.Platz Sechs: Du bist das Unbedarfte, von dem die Rede ist. Du bist bereit zu lernen. Öffne dein Herz, dann ist das Glück bei dir.

Oben Neun: Wie konntest du zum Dieb werden? Wenn Strafe nicht zur Einsicht führt, erzieht man Diebe. Widerstand löst man durch Nachsicht auf.

5 ䷄ Xu Das Notwendige

Habe Vertrauen und beschränke dich auf das Notwendige, dann vergeht das Verlangen und Ruhe kehrt ein. Führe ein einfaches Leben. Essen und Trinken und ein kleines Fest feiern. So findet man Glück und kann Großes unternehmen.

1. Unten Neun: Lebe in kleinen Verhältnissen, mache eine leichte Arbeit, die dich ernährt. Verlange nichts von der Welt.

2.Platz Neun: Du verpasst den Anschluss, hast getrödelt und dich mit Nebensächlichem abgegeben. Aber du bist mit dir im Reinen, gehst deinen Weg beständig weiter.

3.Platz Neun: Du hast dich dem Vergnügen hingegeben, über deine Verhältnisse gelebt und alles an falsche Freunde verloren. Beklage nicht den Verlust, den du selbst verschuldet hast.

4.Platz Sechs: Du steckst tief im Schlamassel. Wenn du bescheiden bist, kannst du Hilfe bekommen. Wende dich an die richtigen Leute, dann geht das Unglück vorbei.

5.Platz Neun: Es braucht alles seine Zeit. Versuche nicht, die Dinge zu beschleunigen. Ein einfaches Mahl und ein Glas Wein sind genug für ein Fest.

Oben Sechs: Hilfe kommt von unbekannter Seite. Sei dankbar und zeige Respekt. Erkenne das Notwendige, sonst nimmt das Unglück kein Ende.

6 訟 Song Der Streit

Habe Vertrauen und gib nicht auf. Versuche eine Einigung zu finden und böses Blut zu vermeiden. Der Streit entsteht, weil man nicht vorsichtig war. Deshalb ist Entgegenkommen kein Nachgeben. Sei in Zukunft aufmerksamer von Anfang an, damit es nicht zu einem Streit kommen kann.

1. Unten Sechs: Du hast nicht die Kraft, diesen Streit bis zum Ende zu führen. Deshalb ist es besser, den Streit zu vergessen und die innere Ruhe zu gewinnen.

2. Platz Neun: Dieser Streit wird kein Ende nehmen. Zurückkehren zum Ursprung und alles auf sich beruhen lassen. Das ist in diesem Fall das Beste.

3. Platz Sechs: Du sollst einen Streit beilegen. Dazu musst du unvoreingenommen an die Sache heran gehen und keine Erwartungen hegen.

4. Platz Neun: Vermeide den Streit von Anfang an. Er führt zu nichts. Es ist wie es ist. Lass es gut sein.

5. Platz Neun: Du kannst den Streit schlichten. Habe Verständnis für die Gefühle anderer, dann ist es leicht, einen Streit zu beenden. So machst du alle Beteiligten glücklich.

Oben Neun: Auch wenn du als Sieger aus dem Streit hervorgegangen bist, findest du kein Glück. Besser ist es nicht zu streiten, als zu gewinnen.

7 師 Shi Das Militär

Das Militär hat seinen Platz in Mitten des Volks. Man soll es nicht einsetzen, wenn keine Gefahr besteht. Seine Macht liegt im Verborgenen. Es soll nicht selber die Macht haben, sonst ist der Frieden nicht sicher. Ohne das Volk gibt es kein Militär.

Unten Sechs: Im Militär herrscht eine präzise Ordnung, Wenn sie zerfällt, zerfällt das Militär.

2.Platz Neun: Hier spricht das Orakel über den Befehlshaber. Er muss klug und mutig sein, sonst kann er nicht das Vertrauen der Soldaten gewinnen.

3.Platz Sechs: Der Befehlshaber verliert seine Autorität. Wehe, wenn die Menge die Herrschaft übernimmt. Dann gibt es Tote in den eigenen Reihen.

4.Platz Sechs: Angriff und Rückzug müssen der Situation angemessen sein. Wirf nicht alles in eine Waagschale.

5.Platz Sechs: Sprich eine deutliche Warnung aus, bevor du das Militär einsetzt. Lass erfahrene Krieger führen und die Jungen den Schaden begrenzen.

Oben Sechs: Ist ein Krieg beendet, muss der Frieden wieder hergestellt werden. Man sollte ihn auf Dauer anlegen und nicht schon die Ursache eines neuen Kriegs schaffen.

8 比 Bi Zusammenarbeit

Will man mit anderen etwas gemeinsam bewirken, muss man mit ganzem Herzen bei der Sache sein. Menschen ändern ihre Meinung, darauf darf man nicht achten, sonst entsteht Misstrauen. Wer andere begeistern kann, kann Großes schaffen.

Unten Sechs: Hast du Vertrauen sind alle dir treu. Dann gibt es am Ende Glück.

2.Platz Sechs: Wenn du im Dienst anderer stehst und deine Fähigkeiten voll entfaltest, kannst du dir ihrer Zuneigung sicher sein. Bist du nicht bereit, alles zu geben, wird man dich verdächtigen.

3.Platz Sechs: Schlechte Menschen mit bösen Absichten. Warum sollte man ihnen trauen. Dieser Weg führt ins Verderben. Das Yi Jing gibt den Schlechten keinen Rat.

4.Platz Sechs: Du verlässt deine Familie, um in der Welt mit anderen zu wirken. Du folgst deinem Weg und es verheißt Glück.

5.Platz Neun: Du hast deinen idealen Platz gefunden. Öffne dein Herz und sei für die Menschen da, die mit dir gehen. Aber vertraue auch jenen, die nicht deine Ziele verfolgen.

Oben Sechs: An diesem Platz fehlt eine leitende und ordnende Persönlichkeit. Das Oberhaupt ist schwach und deshalb hat dieses Unternehmen keinen Erfolg.

9 小畜 Xiao Chu Geringe Meister

Man will sich entwickeln, aber noch ist es ein äußerliches Unterfangen. Es fehlt die Tiefe. Wie ein Versprechen, das nicht eingehalten wird. Doch man ist auf einem guten Weg und strahlt Schönheit aus.

Unten Neun: Die Menschen reagieren auf deine Schönheit, aber du lässt dich nicht von der Macht verführen, sondern setzt deinen Weg der Entwicklung fort.

2.Platz Neun: Ob im Inneren oder im Äußeren, du kannst dich auf beiden Wegen verbessern. Darin liegt kein Widerspruch.

3.Platz Neun: Welch ein Irrtum, aber es lässt sich wohl nicht vermeiden. Wie zwei Menschen, die sich trennen, entscheidest du dich für das eine und weist das andere zurück.

4.Platz Sechs: Wenn du Vertrauen hast, kannst du den inneren Zwist beseitigen. Dann verlierst du deine Angst und kannst deine Entwicklung fortsetzen.

5.Platz Neun: Innerlich frei und fest zu sein, das verstehst du noch nicht. Du kannst mit deinen Nächsten verkehren, ohne den Weg zu verlieren. Das ist geringe Meisterschaft.

Oben Neun: Dein Vertrauen ist gewachsen und du denkst daran, weiter zu gehen. Das ist gut, doch vergiss nicht: Deine Meisterschaft ist noch gering. Versuche es nicht alleine.

10 Lu 履 Der Schritt

Man geht ein Risiko ein, aber es besteht keine Gefahr. Als würde man auf des Tigers Schwanz treten, ohne gebissen zu werden. Man weiß zu unterscheiden und kann gehen, wohin man will.

Unten Neun: Setze deinen Weg fort. Bleibe natürlich und ungekünstelt. Dann fällt alles leicht. Wer voran kommen will, tänzelt nicht.

2.Platz Neun: Dein Weg liegt offen vor dir. Du brauchst ihn nur gehen. Du empfindest die grenzenlose Freude eines Wanderers.

3.Platz Sechs: Wenn du deine Beschränktheit nicht anerkennst, läufst du in die Gefahr. Wenn du die Zeichen der Zeit nicht erkennst, schlägst du womöglich die falsche Richtung ein.

4.Platz Neun: Ein gewagtes Unterfangen, sei wachsam als würdest du über dünnes Eis gehen. Dann mag es gelingen.

5.Platz Neun: Ein entschlossener Schritt, das heißt frei und stark. Vermeide anmaßend zu sein, sonst gibt es keinen Ausweg mehr. Damit würdest du alles verlieren.

Oben Neun: Du hast alle Schritte richtig gemacht. Nun ist die Zeit gekommen, an den Ursprung zurück zu kehren. Großes Glück.

11 Tai 泰 Ausgewogen

Das Starke kommt und das Schwache zieht sich zurück, die Erscheinungen nehmen ihren Platz ein. Himmel und Erde durchdringen sich und die Welt gedeiht und lebt in innerem Frieden.

Unten Neun: Unterwegs mit Gleichgesinnten. Eine glückliche Situation. Nichts steht dem im Weg. Glück.

2.Platz Neun: In seinen Aktivitäten muss man auch Grenzen überschreiten um jene zu erreichen, die noch fern sind. Üppiges Wachstum macht nicht vor der Haustüre halt, sondern geht hinaus in die Welt.

3.Platz Neun: Im Wachstum ist Verfall enthalten und im Vorgehen der Rückzug. Aber man muss erst die Fülle erreichen, dann kommt die Minderung von selbst.

4.Platz Sechs: Man hat die Fülle, aber man zeigt sie nicht. Man hat die Leere erreicht, doch man klagt nicht. So hat man auch nichts zu befürchten.

5.Platz Sechs: Man begibt sich herab, damit das Niedere nicht hoch kommt. Eine sehr kluge Geste.

Oben Sechs: Die Kultur verfällt und Torheit nimmt überhand. Du meidest den Kampf und bleibst innerlich stark. Auch diese Zeiten werden sich ändern.

12 Pi 否 Der Stau

Die Leute hauen auf die Pauke und lassen es sich gut gehen. Aber so ist kein Fortschritt möglich. Bleib ruhig und gelassen. Auch diese Karawane wird weiter ziehen.

Unten Sechs: So wie man Gras als Büschel rausreißt, kannst du dem Spuk ein Ende machen, bevor er anschwillt. Noch ist dazu Gelegenheit.

2.Platz Sechs: Hüte dich vor Schmeichlern und fördere jene, die respektvoll ihren Platz einnehmen.

3.Platz Sechs: Missgeschicke posaunt man nicht in die Welt hinaus. Man muss seinen Gegnern nicht auch noch Material liefern. Es liegt bei dir, wie es weiter geht.

4.Platz Neun: Mach eine klare Ansage. Man muss nicht alles hinnehmen. Es gibt nicht nur das Schicksal, es gibt auch die Tatkraft.

5.Platz Neun: Der Stau löst sich auf. Wenn es jetzt auch weiter geht, muss man sich darüber klar sein, wie der Stau entstanden ist, um weiteren zu vermeiden.

Oben Neun: Übermütiger Spass hat zum Stau geführt, sein Ende gibt Anlass zur Freude. Wenn du dir des Unterschieds bewusst bist, kann dich nichts mehr aufhalten.

13 Tong Ren 同人 Team Arbeit

Versteht man die menschliche Natur kann man gemeinsam arbeiten und Großes bewirken. Erkennst du Einigkeit in den Herzen, kannst du die kleinlichen egoistischen Leidenschaften überwinden und passende Teams bilden.

Unten Neun: Grenzen trennen, aber sie sind auch eine Gemeinsamkeit. Trefft ihr euch am Pass, könnt ihr euch begegnen. Nutzt die Möglichkeit.

2.Platz Sechs: Denken die Mitglieder an den eigenen Vorteil, droht das Team zu zerfallen. Behalte das Ziel im Auge.

3.Platz Neun: Um Streit zu vermeiden, verbirgst du deine Vorteile und verzichtest auf Karriere. Vielleicht ist es übertrieben, aber besser als der Gemeinschaft zu schaden.

4.Platz Neun: Du musst aufstehen, aber nicht um anzugreifen, sondern um das Bündnis zu festigen.

5.Platz Neun: Es geht um viele Menschen, vielleicht die Nation oder sogar die gesamte Menschheit. Gab es auch Heulen und Zähneknirschen, so hast du die Kraft, alle wieder zum Lachen zu bringen.

Oben Neun: Auch wenn du dich zurückziehst und alleine auf dem Land lebst, so kannst du im Herzen doch mit den Menschen verbunden bleiben. Eine ganz besondere Situation.

14 Da You 大有 Reichtum

Stehen einem in der Welt die besten Dinge und höchsten Begabungen zur Verfügung, hat man Reichtum. Aber alles bekommt seinen Wert erst dadurch, dass man es einsetzt, nicht, indem man es hortet.

Unten Neun: Alles ist in Ordnung. Du lässt dich nicht vom Vermögen verführen. Du bleibst einfach. Damit zeigst du Größe.

2.Platz Neun: Ein großes Vorhaben und ein langer Weg. Aber du hast kluge Berater. Dir steht alles zur Verfügung, was du für dein Unternehmen brauchst.

3.Platz Neun: Wird Reichtum zur Last, dann wird er verschleudert und niemand hat Nutzen davon. Hier aber wird ein großes Geschenk gemacht, von dem alle profitieren.

4.Platz Neun: Du stellst dein Vermögen der Gemeinschaft zur Verfügung. Selbst lebst du in Einfachheit. Da es von Herzen kommt, wirst du geehrt.

5.Platz Sechs: Reichtum kann Misstrauen erzeugen. Was nützt er dann. Da du Vertrauen hast, wird dir vertraut. Weise Menschen stehen dir zur Seite.

Oben Neun: Was du mit all deinem Reichtum nicht erwerben konntest, hast du durch dein Handeln erreicht. Du lebst in voller Zufriedenheit. Es fehlt dir an nichts.

15 Qian 謙 Anspruchslos

Wahrer Reichtum führt zu Bescheidenheit. Ohne Hochmut, Stolz oder Gier bist du leer und anspruchslos. Du kannst die Welt ins Gleichgewicht bringen, ohne dich hervor zu heben.

Unten Sechs: Da du nicht nach Gewinn strebst, kannst du auch ein gefährliches Unternehmen wagen. Letztlich wird es dich weiter bringen.

2.Platz Sechs: Du stellst deine Anspruchslosigkeit zur Schau. Aber du prahlst nicht damit, du möchtest Beispiel sein. Deshalb nehmen es die Menschen an.

3.Platz Neun: Du hast Großes geleistet und alle erfreuen sich daran. Man bietet dir einen hohen Posten an. Aber du verzichtest auf Lob und Ehre.

4.Platz Sechs: In allem was du tust, bleibst du anspruchslos. Deshalb kann dir alles gelingen. Je mehr du dich zurück nimmst, desto mehr ragst du hervor.

5.Platz Sechs: In deiner Bescheidenheit betrügst du weder dich noch andere. Wenn du ein Unternehmen leitest, kannst du auch ein Risiko eingehen. Es wird gelingen.

Oben Sechs: Wenn du etwas Gewaltiges vorhast, dann erkläre den Menschen deine Ziele. Da du nicht aus Eigennutz handelst und niemandem Schaden willst, werden sie dir folgen, auch wenn sie Einbußen hinnehmen müssen.

16 Yu 豫 Beglückt

Wenn du ein Unternehmen gründen willst, ist es der richtige Zeitpunkt. Alle ziehen mit dir am gleichen Strang. Du kannst Begeisterung wecken und Menschen führen. Nutze diese Gelegenheit.

Unten Sechs: Die Menschen jubeln dir zu. Aber Vorsicht. Du stehst erst am Anfang. Wenn du dich jetzt in Sicherheit wiegst, ist schnell alles verloren.

2.Platz Sechs: Du stehst wie ein Fels in der Brandung. Nicht alles, was Gewinn bringt, ist auch rechtens. Noch vor Sonnenuntergang Klarheit schaffen.

3.Platz Sechs: Du bist zu schwach eine Entscheidung zu treffen und hoffst auf Hilfe von Höheren. Du musst erkennen, den falschen Weg eingeschlagen zu haben.

4.Platz Neun: Hier ist einer mit dem Herz am rechten Fleck. Du findest Freunde und gewinnst das große Los. Überlege nicht lange.

5.Platz Sechs: Dein Herz ist betrübt und das schon lange. Du kannst kein Glück empfinden. Dann lerne durch das Leiden. Damit findest du zum Leben zurück.

Oben Sechs: Trunken vor Glück schießt du über das Ziel hinaus. Das geht nicht lange gut. Finde wieder Ruhe und kehre um. Dann bleibt dir Schande erspart.

17 Sui 隨 Folgen

Du folgst deinem Herzen und nicht einem Herrn. Das zeigt, du bist unbeirrt und ruhst gelassen in der Mitte, während um dich herum alle äußerst geschäftig sind.

Unten Neun: Früh am Tag gehst du hinaus und triffst Freunde. So bleibst du in Kontakt mit der Welt und schaust, was gut ist. Dem Guten kannst du folgen.

2.Platz Sechs: Du magst das Kleine nicht aufgeben und verlierst dadurch das Große. Selbstsüchtig hältst du fest an dem, was du liebst, statt dem zu folgen, von dem du geliebt wirst.

3.Platz Sechs: Du folgst dem Großen und verlierst das Kleine. Höre auf, danach zu suchen und gib dich der Ruhe hin.

4.Platz Neun: Ein Großer folgt einem Großen. Das kann Ärger geben. Besser ist es, du gehst deinen eigenen Weg. Werde dir darüber klar.

5.Platz Neun: Wenn du dir deiner Sache zu sicher bist, kann das zu Hochmut führen. Dann folgt dir niemand mehr. Sei offen für die Ratschläge deiner Freunde, damit du sie nicht verlierst.

Oben Sechs: Wem sollst du folgen außer deinem Herzen. Du hast sonst niemanden. Das heißt: Auf sich selbst zurück geworfen sein.

18 Gu Verderben

Es ist wie verhext, als würde man den Verstand verlieren. Du weißt nicht mehr, was richtig ist und was falsch. Da heißt es fasten und meditieren.

Unten Sechs: Ererbtes Verderben, dich trifft keine Schuld, aber auch nicht deine Vorfahren. Du schaffst es aus der Welt.

2.Platz Neun: Mütterliches Verderben. Zeige Verständnis und gib nach. Versuche nicht, zu überzeugen. Dann könnt ihr in Eintracht leben.

3.Platz Neun: Väterliches Verderben. Übermäßige Strenge und Härte verängstigen das Herz. Aber es kann überwunden werden. Wird es nicht überwunden, musst du es dein Leben lang ertragen.

4.Platz Sechs: Du hast nicht die Kraft, die Macht des Vaters zu überwinden. Du lässt es gelten und findest Entschuldigungen. Es wäre besser, Kraft zu sammeln.

5.Platz Sechs: Was der Vater verdorben hat, wird vom Sohn bereinigt. Dafür ist er zu loben. Sein Verhalten kann beispielhaft sein, denn er gibt es nicht weiter an seine Kinder.

Oben Neun: Du stehst über dem Problemen menschlicher Beziehungen. Du beobachtest das Verderben der Herzen und hältst dich zurück.

19 Lin 臨 Annähern

Wer Menschen führen will, muss mit den Menschen leben und selbst sich ständig prüfen. Er darf sich nicht über sie erheben, sondern muss in ihre Herzen eindringen wie das Grundwasser in die Erde.

Unten Neun: Wer bereit ist zu lernen, der kann auch lehren. Wer anderen vertraut, dem wird auch vertraut. So entsteht Harmonie und alle sind glücklich.

2.Platz Neun: Wie bei der unteren Neun ist auch hier alles harmonisch. Du brauchst nicht auf die Menschen zugehen, weil du mitten unter ihnen bist.

3.Platz Sechs: Wer versucht, durch Schmeicheleien Nähe herzustellen, wird nicht ernst genommen. Achte auf deine Worte.

4.Platz Sechs: Stehst du ehrlich und aufrichtig zu deinen Schwächen, dann wirst du von anderen akzeptiert. Deine Einfachheit schmückt dich.

5.Platz Sechs: Die Klugheit anderer anerkennen und sich zu Nutze machen, darin zeigt sich Größe. Sich auf diese Weise anzunähern verspricht Erfolg.

Oben Sechs: Hier nähert sich einer in großer Aufrichtigkeit. Deshalb wird seine Position stark sein.

20 Guan 觀 Betrachten

Man schaut etwas an oder wird angeschaut. Darin liegt Interesse und Respekt, aber keine Bewunderung. Die Betrachtung ist nicht oberflächlich, man versucht schon, in das Herz zu blicken.

Unten Sechs: Einfache Menschen nehmen die Dinge wie sie sind. Das hat Unschuld. Kluge Menschen sehen, wie sich die Dinge entwickeln. Das ist Vorsicht.

2.Platz Sechs: Wer sich einschließt und nur heimlich schaut, der sieht nur Fragmente und nicht das Ganze.

3.Platz Sechs: Schau dir dein Leben an und entscheide, ob du weitergehen kannst oder erst noch an dir selbst arbeiten musst.

4.Platz Sechs: Du bist zwar nicht der Kutscher, aber du sitzt an seiner Seite und kannst die Schönheit der Landschaft bewundern.

5.Platz Neun: Schau dir dein Leben an und sei ein Beispiel für andere. Dein Handeln sollte immer ein Maßstab sein können für alle Menschen.

Oben Neun: Man schaut zu dir auf und du trägst Verantwortung. Das ist keine einfache Position. Du hältst die Gemeinschaft zusammen, wie das Dach den Tempel. Stürzt das Dach ein, verfällt der Tempel.

21 Shi Ke 噬嗑 Durchbeißen

Wie wenn man etwas zwischen den Zähnen festhält und dann entschlossen durchbeißt, so muss man Trennungen aufgeben und Hindernisse überwinden.

Unten Neun: Stecken die Füße im Block, kann man nicht davon laufen. Das ist dann auch schon alles. Kein großes Hindernis, keine große Strafe.

2.Platz Sechs: Die Haut hält uns zusammen und schützt das Innere vor dem Äußeren. Nimmt die Haut Schaden, muss man sich in Acht nehmen.

3.Platz Sechs: Die Situation ist vergiftet, weil sie sich schon so lange hinschleppt. Wenn aber alle Parteien nach einer friedlichen Lösung suchen, kommt es zu Ende.

4.Platz Neun: Man hat einen mächtigen Gegner und obwohl dieser im Unrecht ist, findet er Gehör. Als würde man von einem Pfeil getroffen. Aber es ist besser, seiner Sache treu zu bleiben, dann kommt letztlich Erfolg.

5.Platz Sechs: Wer beharrlich an der eigene Mitte festhält, findet letztlich Belohnung.Die Not hat ein Ende.

Oben Neun: Der Kopf steckt im Block. Harte Strafen. Das Herz ist verloren gegangen und nichts ist mehr klar. Wie soll man da wieder raus kommen. Man muss es ertragen und sich in sein Schicksal fügen.

22 Bi 賁 Der Schmuck

Um schmückendes Beiwerk kann man sich kümmern, wenn nichts Wichtigeres zu tun ist. Dem Äußerlichen schenkt man Aufmerksamkeit, wenn das Innerliche gefestigt ist.

Unten Neun: Schmuck an den Zehen. Da fährt man nicht im Wagen, sondern geht lieber zu Fuß. Man schätzt das Einfache und weiß es zu schätzen.

2.Platz Sechs: Das Harte mit Sanftem umgeben. Den Mund schmücken und seine Worte verfeinern. Schlichtes kann wertvoller sein als Glitzerkram.

3.Platz Neun: Das Weiche und Feuchte erzeugt Leben, das Harte und Trockene den Tod. Sanfte Natürlichkeit ist der überzeugendste Schmuck und schützt besser als eine glänzende Rüstung.

4.Platz Sechs: Wenn die Menschen sich nur noch um den Schmuck kümmern, dann verfallen sie der Dekadenz. Aber noch lässt sich vermeiden, dass die Ringe zu Ketten werden.

5.Platz Sechs: Bist du der Eitelkeiten überdrüssig, dann leg einen Bambushain an und trage schlichte Kleidung. Trinke Tee und übe dich abends im Spiel der Flöte.

6.Platz Neun: Ursprüngliche Einfachheit. Wenn überall Schmuck hängt, ist kein Schmuck der bessere Schmuck.

23 Bo 剝 Die Häutung

Das Innere dringt nach außen, die alte Haut wird abgeworfen. Man muss warten, bis dieser Prozess beendet ist. Man weiß nicht, was geschieht.

Unten Sechs: Zuerst verliert man die Füße und man kann nicht mehr gehen. Man glaubt, ein Unheil geschieht, als wäre man krank und findet keine Ruhe.

2.Platz Sechs: Die Beine häuten sich und man glaubt, nun endgültig verloren zu sein.

3.Platz Sechs: Es wird klar, dass ein neuer Körper zum Vorschein kommt. Was zuerst schrecklich schien, bereitet letztlich Freude.

4.Platz Sechs: Die Haut reisst vom Brustkorb und es brennt wie Feuer. Wie soll man Vertrauen haben, wenn es solche Schmerzen bereitet. Das Herz lodert.

5.Platz Sechs: Der Blick wird klar, der neue Mensch kommt zum Vorschein. Wie ein Schwarm Fische, der auseinander stiebt, fällt die alte Haut ab. Einfache Menschen bedauern den Verlust. Weise erkennen den Gewinn.

Oben Neun: Der neue Mensch ist sichtbar, aber er weiß noch nicht, was seine Aufgabe ist. Die Vergangenheit ist überwunden, aber die Zukunft liegt noch im Dunkel. Wie am frühen Morgen, ehe der Tag erscheint.

24 Fu 復 Rückkehr

Hin und her, es ist keine Krankheit, sondern ein Prozess der Genesung. Du kehrst zurück in das normale Leben und findest deinen Weg.

Unten Neun: Du stehst am Anfang der Meditation und wenn ein Gedanke auftaucht, kehrst du zurück zur Stille. Keine Sorgen.

2.Platz Sechs: Du kannst dich ausruhen, deshalb kommst du zurück. Nicht um dich in Arbeit zu stürzen. Genieße die Zeit und komme zu dir.

3.Platz Sechs: Warum schweifst du ab. Du kommst und gehst. Das ist keine Rückkehr zum Ursprung, das ist Verwirrung. Sieh dich vor.

4.Platz Sechs: Während du dich in der Menge verlierst, bewahrst du trotzdem deine Ruhe. Das ist wahre Rückkehr. Du wirst deinen Weg machen.

5.Platz Sechs: Du hast wirklich zurück gefunden. Wenn du auch nur einen Schritt vom Weg abkommst, findest du sofort wieder deine Mitte.

Oben Sechs: Rückkehr zum Irrtum. Keine gute Entscheidung. Es wird ein Kampf auf Leben und Tod. Wie könnte man dir helfen? Es wirft dich um Jahre zurück.

25 Wu Wang 無妄 Zweifellos

Wenn du deine Mitte findest und von dort handelst, so kann nichts falsch sein. Lässt du aber Gedanken des Zweifels zu, stürzt du dich ins Unglück.

Unten Neun: Du bist ganz mit dir. Alles was du tust und sagst kommt aus dem Herzen. Setze deinen Weg fort, ohne nach einem Ziel zu fragen.

2.Platz Sechs: Wenn du dein Feld bestellst, weil es an der Zeit ist, und nicht in Erwartung einer Ernte, dann handelst du im Einklang mit der Natur. Bleib dabei.

3.Platz Sechs: Wer ohne Zweifel lebt, aber nicht im Einklang mit der Zeit, der ist töricht und wird sein Glück verlieren. Das kommt vom Verharren am falschen Platz. Bleib in Bewegung.

4.Platz Neun: Du weißt, wann es an der Zeit ist, nicht zu handeln. Du kannst in Ruhe verweilen und warten, bis dein Augenblick gekommen ist. kein Grund zur Ungeduld.

5.Platz Neun: Für diese Krankheit gibt es keine Medizin. Du musst zur Ruhe finden und aufhören zu grübeln. Je mehr du denkst, desto schlimmer wird es. Meditiere.

Oben Neun: Es ist alles in Ordnung. Du bist gesund. Warum willst du nun woanders hin?

26 Da Xu 大畜 Große Herde

Eine große Herde, das bedeutet Reichtum im Inneren; sich selbst zu beherrschen. Es bedeutet auch, zu den Menschen zu gehen, weil man sie führen kann.

Unten Neun: Es ist noch zu früh, Großes zu unternehmen. Es ist alle gut angelegt, aber es musst noch reifen. Hab Geduld.

2.Platz Neun: Da war einer wild und ungeduldig. Jetzt muss der Karren aus dem Dreck gezogen werden. Das braucht seine Zeit. Du hast nichts gewonnen.

3.Platz Neun: Große Fahrt. Beherrsche die Navigation und lerne dich zu schützen. Dann kannst du unbeirrt weiter machen.

4.Platz Sechs: Es ist an der Zeit, den Nachwuchs einzuspannen. Die Jugend muss an die notwendige Disziplin gewöhnt werden, sonst bringen sie das Unternehmen in Gefahr.

5.Platz Sechs: Da will einer führen, der selbst nicht folgen kann. Den muss man an die Kandare nehmen, um seine Kraft zu nutzen.

Oben Neun: Alle nehmen ihre Plätze ein und das Unternehmen kann gelingen. Wenn alle an einem Strang ziehen, gibt es keine Grenzen. Der Himmel steht offen.

27 Yi 頤 Ernähren

Achte darauf, was du in den Mund nimmst und ebenso achte darauf, was du in deinen Geist nimmst. Um den Körper zu ernähren, arbeite. Um den Geist zu ernähren, meditiere.

Unten Neun: Du hast vergessen, den Geist zu nähren und nur den Freuden des Gaumens gedient. So ist in dir das gestorben, das ewig leben könnte.

2.Platz Sechs: Du bettelst um Nahrung statt etwas dafür zu tun. So kann man sich nicht auf den Weg machen. Das ist schändlich.

3.Platz Sechs: Lerne dein Gier zu zügeln. Jetzt kann es nur Unglück bringen, wenn du weiter voran gehst. Halte dich zurück bis du besänftigt bist. Es kann Jahre dauern.

4.Platz Sechs: Was kann glücklicher machen als genug zu haben und auch andere ernähren zu können. Aber es muss von Herzen kommen und ohne Selbstsucht. Ohne Furcht, etwas zu verlieren.

5.Platz Sechs: Ohne darüber nachzudenken, gibst du alles, was du hast. Du gibst und wirst immer reicher. So entsteht Frieden.

Oben Neun: Selbst in einer gefährlichen Situation denkst du nicht an dich, sondern an deine Mitmenschen. Glück. Aber bleibe vorsichtig.

28 Da Guo 大過 Übertreibung

Übertriebener Kraftaufwand. Man kann weiter machen, wenn man sich zu mäßigen weiß und seine Kraft richtig anwendet. Begegnet man übertriebener Kraft, zieht man sich besser zurück.

Unten Sechs: Kümmere dich um das, was verloren scheint, damit es wieder wachsen kann. Gib nie die Schwachen auf, sie sind die Grundlage der Starken.

2.Platz Neun: Unterschätze nie die Alten. Sie mögen schwach wirken, doch sie können wieder aufblühen, wenn sie eine Aufgabe haben. Lerne vom Alter.

3.Platz Neun: Du hast dich von deinem Ursprung entfernt und findest so keinen Halt. Die Wurzeln vernachlässig und die Blüten geliebt.

4.Platz Neun: Sich den Wurzeln zuwenden und Kraft finden - Glücklich. Sich nach oben wenden und die Herkunft verleugnen - Traurig.

5.Platz Neun: Das Glück ist nur von kurzer Dauer. Eine Blüte, die keine Frucht wird. Am Ende stehst du alleine da.

Oben Sechs: Zu viel eingesetzt und ins Leere gestürzt. Auch wenn es gut gemeint war, so hat es doch Unglück gebracht. Das ist die Warnung vor der Übertreibung.

29 Kan 坎 Schwierigkeiten (Wasser)

Du hast einen Körper, der bereitet innere Schwierigkeiten und du lebst in der Welt, die bereitet äußere Schwierigkeiten. So könnte man glauben, das Leben sei voller Schwierigkeiten. Aber man kann sie meistern und daran wachsen.

Unten Sechs: Von außen betrachtet sieht es ganz einfach aus. Aber wenn man in der Falle steckt, weiß man sich keinen Rat.

2.Platz Neun: Was dir ein Problem scheint, ist für andere Menschen Alltag. Also gib deine Arroganz auf und hör auf ihren Rat.

3.Platz Sechs: Hilflos im Wasser treibend. Es gibt kein vor und kein zurück. Da heißt es Ruhe bewahren und nicht kämpfen. Geh mit der Strömung.

4.Platz Sechs: Diese Situation lässt sich nicht mit großem Gehabe meistern. Zeig dich einfach und bescheiden. Dann erscheint der Ausweg wie ein offenes Fenster.

5.Platz Neun: Wenn einem das Wasser auch bis zum Hals steht, man geht doch nicht unter. Letztlich kommt alles ins Lot, wird alles ausgeglichen.

Oben Sechs: In großer Gefahr und kein Entkommen, Wie in einen Busch voller Dornen gefallen und gefangen. Das kann dauern. Danach wirst du die Freiheit schätzen.

30 Li 離 Verlassen (Feuer)

Man soll nicht verweilen, aber sich an der Mitte halten. Man soll nachgiebig sein, aber auch aufrichtig. Feuer hat keine Form und keine Substanz und kann nicht existieren ohne Nahrung.

Unten Neun: Früher Morgen, Man läuft hin und her als wäre man verwirrt, aber das Herz ist voller Freude. Sei dankbar.

2.Platz Sechs: Man steht auf der Höhe der Zeit. Bleibe innerlich gelassen und sei dir bewusst, dass es wieder abwärts gehen kann. Dann sind deine Handlungen milde und gerecht.

3.Platz Neun: Am Abend schlage nicht mehr die Trommel und stimme keine Lieder an. Sonst widersprechen sich die Emotionen, Freude und Trauer verwirren den Geist.

4.Platz Neun: Wenn das Licht schwindet, entsteht Verlangen. Legt man Holz nach und das Feuer lodert hoch, zerstört man den inneren Frieden. Besser ist es, seinen Pflichten nachzukommen.

5.Platz Sechs: Die Gewissheit des Todes mag dich betrüben. Durch Jammern und Weinen, verschwinden Wut und Gier. So bringt es letztlich Glück.

Oben Neun: Feuer ist mächtig und zerstörend, aber auch wärmend. Wenn du kämpfst, zeige deine Stärke, aber auch deine Güte.

31 Xian 咸 Aufeinander einwirken

Himmel und Erde wirken aufeinander ein, Mann und Frau, Leitende und Wirkende. Wenn man sich bewusst ist, dass der eine ohne den anderen nicht sein kann, dann sind alle glücklich.

Unten Sechs: Die Bewegung des aufeinander Einwirkens beginnt. Wenn du es früh bemerkst, kann es keinen Schaden geben.

2.Platz Sechs: Achte darauf, nicht zu sehr auf andere einzuwirken. Es muss ein Ausgleich stattfinden. Geben und Nehmen sollen ausgewogen sein.

3.Platz Neun: Es ist besser zu warten, damit die Freunde folgen können. Sonst stehst du plötzlich alleine da. Deine Kraft ist verbraucht und niemand kann dich unterstützen. Die unteren drei Linien ermahnen zur Ruhe.

4.Platz Neun: Hin und her gehen die Gedanken, nach außen und wieder nach innen. Das Herz ist verwirrt, doch die Freunde sind an deiner Seite. Wenn ihr euch sammelt, könnt ihr gemeinsam vorangehen.

5.Platz Neun: Bleibt das Innere ruhig, kannst du im Außen viel bewegen. Du jagst nicht den Erscheinungen hinterher und so kommt alles zu dir.

Oben Sechs: Mit Worten allein aufeinander einwirken wollen, ohne die gegenseitige Achtung, führt zu Unheil und Verwirrung. Lass dein Herz sprechen.

32 Heng 恆 Ausdauer

Nichts ist von Dauer, außer dem Wandel. So musst du daran dich halten und nicht an den äußeren Erscheinungen. Du musst deinen Standpunkt ändern, um voran zu kommen. Aber du sollst deine Mitte nicht verlieren.

Unten Sechs: Stürmisch Vordringen kann man nicht mit Ausdauer. Du bist zu schnell erschöpft. Dann findest du keine Resultate und bist unzufrieden.

2.Platz Neun: Du hast deine Mitte verloren, doch du hältst inne und besinnst dich, ehe du weiter gehst. Das ist hilfreich und deshalb findest du Erfolg.

3.Platz Neun: Du ruhst zwar in deiner Mitte, hast aber keine Ausdauer im Voranschreiten. Das ist beschämend. Wenn du dein Verhalten bedauerst und änderst, besteht Hoffnung.

4.Platz Neun: Du bist in Bewegung, doch es ist nur ein ständiges Hin und Her. Dir fehlt das Ziel.

5.Platz Sechs: So verhalten sich die, die wirken, aber nicht die, die führen.

Oben Sechs: Das ist nicht der natürliche Wandel, sondern ein künstlich erzeugter Aufruhr. Man möchte etwas bewirken, hat aber die Mitte verloren und versucht, die Erscheinungen zu manipulieren. Du musst ihren Ursprung suchen, dann findest du auch dich.

33 Dun 遯 Rückzug

Wer sich zurückzieht, wenn die Niederen Oberhand gewinnen, kann sich stärken und seine Gedanken ordnen. Man muss sich nicht auf jede Auseinandersetzung einlassen. Sollen Andere ihre Kraft verpulvern.

Unten Sechs: Folge nicht dem Rückzug anderer, beobachte deine eigene Position und entscheide für dich. Du musst deinen Weg gehen, nicht den von anderen.

2.Platz Sechs: Du möchtest dich zurückziehen, aber man versucht dich zu halten. Mit Verehrung, Lob und Schmeicheleien versucht man dich von deiner Entscheidung abzubringen.

3.Platz Neun: Krankheit zwingt zum Rückzug und es ist richtig, so zu handeln. Halte Verbindung zu Welt, sorge für dein Versorgung.

4.Platz Neun: Ein kluger Rückzug. Du fühlst dich mit nichts verbunden und so stehst du nicht im Weg. Niemand nimmt dabei Schaden.

5.Platz Neun: Du bleibst an deinem Platz, aber innerlich ziehst du dich zurück. So bleibst du unbeeinflusst und behältst die Macht.

Oben Neun: Dieser Rückzug ist ein absoluter Gewinn. Du hast nun Platz und Zeit für dich, kannst dir deine Zukunft neu gestalten.

34 Da Zhuang 大壯 Große Kraft

Es ist die Zeit großer Energie, du stehst auf dem Höhepunkt, was bedeutet, es besteht auch die Gefahr des Absturzes. Wenn du nicht übermütig wirst, sondern an deiner Mitte festhältst, kann dir nichts passieren.

Unten Neun: Deine Kraft steckt in den Füßen. Mach dich auf den Weg, mach eine Reise oder beginn eine neue Unternehmung.

2.Platz Neun: Deine Kraft holst du aus deinem Inneren, nicht von außen. Damit bist du im Einklang mit der Zeit und ihren Erfordernissen.

3.Platz Neun: Bist du klug, dann vergeudest du deine Kraft nicht. Wer ungestüm ist, gerät in Schwierigkeiten und verrennt sich immer mehr. Da geht die ganze Kraft dahin.

4.Platz Neun: Deine Kraft überwindet alle Hindernisse, beseitigt alle Schwierigkeiten. Nun ist es richtig, Kraft einzusetzen und nicht zu sparen.

5.Platz Sechs: Du wolltest die Kraft eines anderen aufhalten, aber er hat dich überwunden. Es stört dich nicht, wenn er sich nun in seiner Freiheit verliert.

Oben Sechs: Man muss wissen, wann es an der Zeit ist, seine Kraft einzusetzen und wann nicht. Geht man zu weit, stößt man auf Hindernisse, hält man sich zu sehr zurück, kommt man nicht voran.

35 Jin 晉 Voran

So wie die Sonne am Morgen aufsteigt und ihr Licht spendet, so gibst du großzügig her, denn es geht voran mit deiner Entwicklung. Das ehrt dich und schafft Frieden und Eintracht.

Unten Sechs: In einer niederen Position möchte man Vertrauen gewinnen. Wenn es nicht gelingt, bleibt man besser ruhig und macht seine Arbeit weiter.

2.Platz Sechs: Deine Sorge gilt den Anderen, nicht um dich musst du dich sorgen. Auch wenn sich einer dir in den Weg stellt, bleib gelassen. Dann wird deine Arbeit anerkannt.

3.Platz Sechs: Alle sind auf deiner Seite, unterstützen dein Vorhaben. Die dir misstrauten, sind einsichtig geworden. Glück.

4.Platz Neun: Hier ist einer am falschen Platz. Wie hast du dich dort hingeschlichen. Nun musst du auch noch befürchten, entdeckt zu werden. Das tut dem Geist nicht gut.

5.Platz Sechs: Wie das Feuer nur leuchten kann, solange es Nahrung hat, bist du besorgt, deine Kraft zu verlieren. Sorge dich nicht darum und lass dein Inneres leuchten.

Oben Neun: Nimm dich selbst an die Kandare. Tadele nicht andere. Du bist oben angekommen. Was willst du mehr?

36 Ming Yi 明夷 Das Licht verlöscht

Sinkt die Sonne unter den Horizont, schwindet langsam das Licht. Es ist noch nicht Nacht, aber Zeit, sich darauf vorzubereiten. Was jetzt nicht getan ist, muss bis morgen warten. Keine Eile.

Unten Neun: Zeit zur inneren Einkehr. Halte den Mund geschlossen, weder Worte noch Nahrung kommen über deine Lippen.

2.Platz Sechs: Wenn das Licht verschwindet, mag Melancholie das Herz erfassen. Doch es gibt keinen Grund zu trauern. Du bist stark wie einPferd.

3.Platz Neun: Lass dein Herz nicht schwer werden, auch wenn du Sorgen hast. Der Schlaf glättet die Wogen.

4.Platz Sechs: Wende deinen Blick nach Osten, wo die Nacht aufsteigt. Finde den Weg zu deiner Mitte und zur tiefen Ruhe. Bewahre das Licht in deinem Inneren.

5.Platz Sechs: So wie das Licht, verschwindet auch der Tag. Alles was geschehen ist, versinkt in der grenzenlosen Leere. Alles was dich belastet, verschwindet in der grenzenlosen Leere. Zwischen einatmen und ausatmen liegt eine Ewigkeit.

Oben Sechs: Wer zum höchsten Licht gestiegen ist, geht auch durch die tiefste Finsternis. Nimm das eine wie das andere. Unterscheide zwischen dir und der Welt.

37 Jia Ren 家人 Familie

Gründest du eine Familie, gründest du ein Volk. In der Familie gibt es eine Ordnung zwischen Mann und Frau, Eltern und Kinder und unter den Geschwistern. So entsteht die Ordnung zwischen den Menschen.

Unten Neun: Im Umgang untereinander den Respekt wahren. Das verhindert schlechte Gefühle, die den Verstand trüben.

2.Platz Sechs: Die persönlichen Interessen sind der Familie untergeordnet. Zuerst soll man für die Gemeinschaft Sorge tragen, erst dann für sich selbst.

3.Platz Neun: Bist du streng, regiert Angst, bist du nachlässig, regiert Übermut. Im rechten Maß herrscht Freude in der Familie.

4.Platz Sechs: Eine harmonische Familie ist eine reiche Familie. Eintracht ist wichtiger, als materieller Wohlstand. Sorge dafür, dass keine Zwietracht entsteht.

5.Platz Neun: Diese Familie ist ohne Sorgen und voller Glück. Jeder nimmt seinen Platz ein und beteiligt sich am Wohlergehen der Gemeinschaft. Das ist leider sehr selten.

Oben Neun: Gründest du eine Familie, verändert sich dein Leben. Du brauchst Vertrauen, sonst zerreisst es dich. Das ist der Lauf des Lebens. So bist du in die Welt gekommen und letztlich ist es ein Glück.

38 Kui 睽 Der Verstoß

Die Menschen sind unterschiedlich und deshalb nicht immer gleicher Ansicht. Verstößt man gegen eine Regel, kann das in kleinen Angelegenheiten mehr Freiheit bringen, in großen aber bringt es Unglück.

Unten Neun: Jemand distanziert sich. Das kommt vor. Wenn ihr zusammen gehört, kommt das Wesen wieder von alleine zurück. In der Sache liegt kein Vergehen.

2.Platz Neun: Wenn es eng wird und man sich zu nahe kommt, kann darin auch ein Verstoß liegen. Aber da es die Situation erfordert, stört sich niemand daran. Unterschiedlicher Rang ist dann kein Problem.

3.Platz Sechs: Jemand wurde wegen eines Verstoßes gestraft. Doch man sollte deshalb nicht misstrauisch sein, sondern einen klaren Kopf behalten.

4.Platz Neun: Wenn du dich gegen alle anderen stellst, bist du schnell allein. Dann ist es wichtig, einen Freund zu haben, dem du vertraust und der dir vertraut.

5.Platz Sechs: In der eigenen Familie findest du Unterstützung. Was wie ein Verstoß erschien, wird nun zur Regel. Wenn die Menschen ihre Herzen öffnen, heben sich die Gegensätze auf.

Oben Neun: Du stehst alleine da, selbstverschuldet. Und nun siehst du auch noch Gespenster. Schieß nicht auf alles, was sich bewegt. Du könntest einen Freund treffen.

39 Jian 蹇 Erschöpfung

Hatte man große Schwierigkeiten zu überwinden, dann tritt Erschöpfung ein. Nun braucht man Ruhe und Zeit. Das Zeichen verspricht Glück. Auf dem Berg ist Wasser, das bedeutet Fruchtbarkeit.

Unten Sechs: Strebst du weiter voran, wirst du dich verausgaben. Ziehst du dich jedoch zurück, dann findest du die nötige Erholung.

2.Platz Sechs: Auch wenn du müde bist, gilt es jetzt, dein Bestes zu geben. Nicht um des Ruhmes willen, sondern um der Sache.

3.Platz Neun: Nun ist unbedingte Ruhe angesagt. Auch im Rückzug kann man den Menschen ein Vorbild sein.

4.Platz Sechs: Es ist nicht möglich, alleine weiter zu machen. Die Erschöpfung ist zu groß. Man braucht nun Mitstreiter, die genug Kraft aufbringen.

5.Platz Neun: Du ziehst dich zurück und die Freunde folgen dir. Gemeinsam ruht ihr aus und erfreut euch der Freundschaft. Später werdet ihr Großes vollbringen.

Oben Sechs: Du findest Unterstützung. Obwohl du müde bist, kannst du nun weitergehen. Aber besser wäre es, eine Pause einzulegen. Selbst wenn du nun durchatmest, wird dir die Hilfe weiter angeboten. Sei nicht eitel und nimm sie an.

40 Xie 解 Die Auflösung

Schwierigkeiten lösen sich auf. Das heißt nicht, jetzt wieder in Aktivismus zu verfallen, sondern sich erholen. Es sei denn, etwas sehr Dringendes muss noch getan werden. Tu es und dann gib Ruhe.

Unten Sechs: Du solltest die Verbindung mit Menschen auflösen, die dich behindern und dir Schaden wollen. Auch wenn sie dich beschimpfen, sie werden dich schnell vergessen.

2.Platz Neun: Auch wenn du Bindungen löst, sei darin nicht stur, sondern bleibe flexibel. Du wirst sehen, wie es dich befreit und du deinen Weg fortsetzen kannst.

3.Platz Sechs: Du befindest dich in einer Situation, der du innerlich nicht gewachsen bist. Dein Vertrag wird aufgelöst. Dein Fehler, deine Schuld.

4.Platz Neun: Du befindest dich in schlechter Gesellschaft, als ob deine Füße im Sumpf stecken. Löse dich vom eingeschlagenen Weg. dann findest du einen Freund, der dich unterstützt.

5.Platz Sechs: Überall gibt es gute und schlechte Menschen. Auch unter schlechten Menschen gibt es gute. Finde und stärke sie. Dann könnt ihr gemeinsam das Übel auflösen.

Oben Sechs: Nur mit Güte lässt sich das Übel auflösen. Nur ein guter Mensch kann auch schlechte Menschen führen und ihren Irrtum auflösen.

41 Sun 損 Der Verlust

Verlust bedeutet, weniger tragen müssen. Sich mit Einfachem zufrieden geben, statt nach immer mehr Dingen zu trachten. Selbst das Wissen sollte man verlieren, rät Lao Zi.

Unten Neun: Dein Verlust ist ein Gewinn, denn du handelst ohne Eile, auch wenn es viel zu tun gibt.

2.Platz Neun: Hier ist einer, der nicht genug besitzt, um einen Verlust hinnehmen zu können. Treibt es dich auch hinaus, so solltest du erst an deinem Platz bleiben. Dein Verlust besteht darin, nicht zu handeln.

3.Platz Sechs: Wo einer zu viel ist, sollte er gehen. Wo einer fehlt, sollte sich einer zugesellen. Es ist gut, einen Freund zu haben.

4.Platz Sechs: Verlust von Krankheit. Du hast die Kraft, dich selbst zu heilen. Hab Geduld und praktiziere unermüdlich deine Meditation.

5.Platz Sechs: Statt Verlust findet hier eine Vermehrung statt. Das macht dich unsicher und du suchst Rat im Orakel. Aber da es die Situation bestätigt, kannst du die Vermehrung annehmen. Der 5.Platz antwortet auf den 2.Platz, wo zu wenig vorhanden war.

Oben Neun: Wenn die Ernte reich ist, hat die Not ein Ende. Verlust von Bedrängnis ist ein großer Gewinn. So begibst du dich in eine neue Freiheit.

42 Yi Der Gewinn

Das Zeichen ist die Umkehrung des vorherigen (41). So birgt ein Gewinn auch immer die Gefahr des Verlust. Hat man große Hindernisse überwunden und Probleme beseitigt, dann ist es ein gewinn für alle.

Unten Neun: Das untere Zeichen ist „Der Wind" und diese Linie ist Yang, die in Yin eindringt. Es ist sanft und beschert Leben. Großes kann vollbracht werden.

2.Platz Sechs: Man muss ein Opfer bringen, um den Gewinn zu erzielen. Das ist der Rat des Orakels. Nichts bekommt man umsonst. Glück kann man nicht kaufen, aber du bist in einer Vorteilhaften Position.

3.Platz Sechs: Selbst in schlechten Zeiten kann man gewinnen, wenn man nicht selbstsüchtig ist. Hilfst du anderen in der Not, ist es dein Gewinn.

4.Platz Sechs: Du hast großen Gewinn. Deshalb muss das Zentrum deines Handelns an einen neuen Platz. Vielleicht scheust du die Veränderung, aber alle unterstützen dein Vorhaben.

5.Platz Neun: Es ist alles in bester Ordnung. Du brauchst keine Sorgen oder Zweifel zu hegen. Mehr kann dir das Orakel nicht sagen. Weil du von Herzen handelst, fällt dir alles zu.

Oben Neun: Wer immer noch mehr verlangt, obwohl der Gewinn groß ist, der hat schon alles verloren. Finde zurück zur Einfachheit, um Unglück zu vermeiden.

43 Guai 夬 Entschlossenheit

Etwas liegt im Argen und stiftet Verwirrung. Dem sollte man entschlossen entgegentreten. Lass dich nicht von schönen Worten umschmeicheln. Mache es öffentlich und schaffe Abhilfe.

Unten Neun: Du bist entschlossen zu handeln und hast auch die Kraft dazu, aber es ist noch nicht der richtige Zeitpunkt. Gehst du jetzt vor, machst du alles kaputt.

2.Platz Neun: Die Gefahr lauert in der Dunkelheit, deshalb musst du besonders aufmerksam sein. Gib den schlechten Einflüssen nicht im Geringsten nach, sonst gewinnen sie rasch die Oberhand.

3.Platz Neun: Wenn du entschlossen bist, kannst du auch alleine vorgehen und wirst die Gefahr bezwingen. Vielleicht nimmst du Schaden dabei, aber der ist nicht groß.

4. Platz Neun: Du bist zu wild und nimmst die Angelegenheit persönlich. Man stellt sich dir in den Weg, was dich zornig macht, aber es ist nun besser, die Führung jemand anderem zu überlassen.

5.Platz Neun: Kommt man dem Übel nahe, dann kann es Einfluss nehmen. Wenn du jetzt nicht entschlossen handelst, dann war alles bisherige umsonst.

Oben Sechs: Man denkt vielleicht, das Übel ist nur gering und hat keinen großen Einfluss. Aber damit hat es schon gewonnen. Denn lässt man es gedeihen, steht es unerwartet vor dir und ist stark geworden.

44 Gou 姤 Die Begegnung

Eine zufällige Begegnung, die keine Grundlage besitzt. Hier kommen zwei zusammen, die nicht zusammen gehören. Es kann ein amüsanter Abend werden, aber keine dauerhafte Beziehung.

Unten Sechs: Man kann diese Angelegenheit nicht auf die leichte Schulter nehmen, auch wenn es so erscheint. Ein mageres Schwein ergibt keinen Speck.

2.Platz Neun: Es ist angebracht, seine Habe nicht zu zeigen, keine Gäste zu empfangen. Ist man leichtsinnig, wird man die Bande nicht mehr los. Fäulnis setzt ein, ohne dass ma es bemerkt.

3.Platz Neun: Kein Vorankommen, man lässt dich nicht durch. Was auch immer du unternimmst, es bringt nichts. Lass davon ab. Diese Begegnung findet besser nicht statt.

4.Platz Neun: Hier ist es besser, nicht zu zeigen, dass man nichts besitzt. Auch ist es nicht angebracht, deshalb den Besitz anderer zu begehren. Erzähl eine freundliche Geschichte und dann verabschiede dich.

5.Platz Neun: Verbirg auch deine inneren Werte. Sei ein Mensch unter Menschen. Glück oder Unglück kommt aus deinen Handlungen und wird nicht vom Himmel geschickt.

Oben eine Neun: Sind alle Bindungen zu der zufälligen Begegnung zerschnitten, braucht man sich nicht weiter sorgen. Du hast dir nichts vorzuwerfen.

45 Cui 萃 Versammeln

Wenn die Menschen sich versammeln, herrscht Einigkeit. Wenn die Dinge zusammen kommen, besteht Reichtum. Versammeln ist ein Zeichen großer Ereignisse. Dann wirkt das Vergangene über die Gegenwart in die Zukunft.

Unten Sechs: Gibt es kein Vertrauen unter den Versammelten, dann entsteht Unordnung. Aber ein einziges Wort, zur rechten Zeit gesprochen, und die Herzen öffnen sich wieder.

2.Platz Sechs: Jede Versammlung braucht einen Leiter. Wenn das deine Aufgabe ist, so nimm sie an und mach die Menge glücklich. Erhältst du Lohn, gib etwas davon ab.

3.Platz Sechs: Diese Versammlung ist nicht der richtige Ort für dich. Halte dich nicht auf und gehe weiter deines Wegs. Du kannst diesen Menschen nichts geben und sie haben nichts für dich.

4.Platz Neun: Du hast eine verantwortungsvolle Position und es ist deine Aufgabe, die richtigen Menschen zusammen zu bringen. Großes Glück.

5.Platz Neun: Auch wenn dir die Menschen kein Vertrauen entgegen bringen, so machst du deine Arbeit mit Hingabe und letztlich werden sie deine Qualität erkennen.

Oben Sechs: Du möchtest gerne mit Menschen zusammen sein, aber es gelingt dir nicht und du bleibst allein. Du bist traurig, aber dein Herz bleibt offen.

46 Sheng 升 Aufsteigen

Dein Leben steht unter einem guten Stern. Du kannst deine Situation verbessern, sogar eine Eroberung könnte gelingen, wenn du klug vorgehst.

Unten Sechs: Du hast Vertrauen in deine Fähigkeiten und ebenso deine Mitstreiter. Sie werden dich unterstützen. Glück.

2.Platz Neun: Du hast Vertrauen in deine Vorgesetzten und deshalb kannst du mit ihnen zusammen aufsteigen. Deine Loyalität wird belohnt.

3.Platz Neun: Du steigst auf, doch ohne Gewinn. Was hat das zu bedeuten? Du musst selber den Platz füllen. Sei nicht enttäuscht, denn dir stehen alle Möglichkeiten offen.

4.Platz Sechs: Alle um dich herum steigen auf, nur du nicht. Das ist nicht überraschend. Du bringst nicht die Kraft auf, mit den anderen aufzusteigen. Warte.

5.Platz Sechs: Weil du nicht nach Erfolg strebst, hast du Erfolg. Stufe um Stufe steigst du auf und alle Großen bewundern deine Taten.

Oben Sechs: Du brauchst bedingungsloses Vertrauen. Aufstieg ins Unbekannte. Im Dunkeln einen Gipfel ersteigen. Aber denk auch daran, dass es dann nicht weiter nach oben geht.

47 Kun 困 In der Klemme

Du bist in eine verfahrene Situation geraten, es geht weder vor noch zurück. Man versteht auch nicht, was du willst. Deshalb sollst du dich in Geduld üben, deinen Zorn bändigen und deine Qualitäten pflegen.

Unten Sechs: Du steckst wirklich in der Klemme. Das sieht so aus als kämest du drei Jahre nicht heraus. Aber wenn du dich bemühst, wirst du einen Ausweg finden.

2.Platz Neun: Du bist zwar in einer Situation, die kein Weiterkommen bringt, aber es geht dir gut. Warte, bis einer kommt der dir helfen kann, versuche es nicht auf eigene Faust, sonst verlierst du alles.

3.Platz Sechs: Du wolltest besonders schlau sein und hast dich dabei selbst in Gefahr gebracht. Weder nach oben noch nach unten gibt es einen Ausweg. Selbst die dir nahe sind, sehen dich nicht.

4.Platz Neun: Du sitzt im goldenen Käfig. Ob du dem entkommen kannst, hängt nur von dir ab. Mehr kann man dazu nicht sagen.

5.Platz Neun: Dir droht eine heftige Strafe. Ob gerechtfertigt oder nicht. Man kann dir nicht zur Hilfe kommen. Nimm die Strafe an, denn sie führt zur Befreiung.

Oben Sechs: Jeder Versuch, sich zu befreien würde nur in noch tiefere Verstrickung führen. Du sollst deine Fehler erkennen, dann gibt es auch eine Lösung.

48 Jing ䷯ Der Brunnen

Willst du Wasser aus dem Brunnen holen, muss der Strick lang genug sein und der Krug darf nicht zerbrechen. Du brauchst Ausdauer und Festigkeit in deinem Tun.

Unten Sechs: Lass die Finger von diesem Vorhaben, denn es ist nicht gesund. Lass dich nicht von deiner Gier verführen, handle nicht aus Gewohnheit.

2.Platz Neun: Alles ist alt, alles ist verdorben, alles unbrauchbar. Warum willst du damit deine Zeit vergeuden? Nur weil du ungeduldig bist, bekommst du am Ende nichts.

3.Platz Neun: Man könnte etwas tun, aber es fehlen die Helfer, denn alleine ist die Aufgabe nicht zu bewältigen. Sie sind schon auf dem Weg, habe noch etwas Geduld.

4.Platz Sechs: Hier ist alles in bester Ordnung und es ist für alle von Vorteil, aktiv zu sein. Jetzt nur nicht zögern.

5.Platz Neun: Nicht nur, dass alles passt, auch der Lohn ist angemessen. Reichtum kommt und darf freudig angenommen werden. Keine Sorgen mehr.

Oben Sechs: Es ist nicht nur die Arbeit, die zum Erfolg führt, es gehört auch Zuversicht und innere Stärke dazu. Wer nicht von seiner Sache überzeugt ist, wird keinen Erfolg haben. Aber hier schüttet Fortuna ihr Füllhorn aus.

49 Ge 革 Die Umwandlung

Alles verändert sich ständig, nichts bleibt, wie es ist. Hier aber findet eine große Umwandlung statt. Auch diese kommt nicht plötzlich und braucht ihre Zeit. Doch am Ende ist vieles anders.

Unten Neun: Damit sich etwas ändert, muss es dazu reif sein. Hier ist etwas oder jemand noch weit davon entfernt. Noch sehr an alte Muster gebunden.

2.Platz Sechs: Die Sonne steigt auf zum Zenit und die Umwandlung beginnt wie eine Reise. Sei glücklich und ohne Furcht, es kommt, wie es kommen soll.

3.Platz Neun: Man redet von der Umwandlung, aber man schafft sie nicht. Auch wenn du noch so sehr darauf drängst, du kannst drei Anläufe machen, es wird dir nicht gelingen.

4.Platz Neun: Alle sind sich sicher, dass die Umwandlung gelingt und so ist Kraft und Vertrauen gegeben. Es braucht nur noch eines kleinen Anstosses, dann geschieht es wie von selbst.

5.Platz Neun: Die Umwandlung findet statt. Mehr ist nicht zu sagen.

Oben Sechs: Wer der Umwandlung folgen kann, verändert sein Inneres. Die Mitläufer sind nicht mit ihren Herzen bei der Sache und sie verändern nur ihre Mimik.

50 Ding 鼎 Der Tiegel

Das Bild zeigt ein altes Gefäß zur Zubereitung von Speisen, welches auch im Tempel für Opfergaben benutzt wird. Das Zeichen kann aber auch Thron bedeuten. Es dient den Menschen, den Göttern und dem Staatswesen.

Unten Sechs: Man muss sich des Alten entledigen, bevor Neues aufgenommen werden kann. Oder man muss einen Ersatz finden. Dann findet Erneuerung statt, die Freude bereitet

2.Platz Neun: Dein Glück weckt bei anderen Eifersucht, aber sie können dir nicht schaden. Du hast dir nichts vorzuwerfen, da du nicht selbstsüchtig handelst.

3.Platz Neun: Man kann seine Kraft nicht zum Wohl der Allgemeinheit einsetzen, weil sie geballt ist. Das trübt die Stimmung. Wenn sie sich erst auflöst und dann sanft zu den Menschen kommt, kann sie wirken.

4.Platz Neun: Zu viel, überlastet. Alles war umsonst. Was so gut angefangen hat, wirkt nun wie ein schmutziges Geschäft. Dein Ruf könnte Schaden nehmen. Rette, was zu retten ist.

5.Platz Sechs: Du bist bereit, zuzuhören. Das ist wichtig, denn so erfährst du Neues. Wie man sagt: Reden ist Silber doch Schweigen ist Gold.

Oben Neun: Hier wurde das rechte Maß gefunden, im Gegensatz zum 4.Platz. Deshalb ist das Werk von Erfolg gekrönt. Großes Glück für dich.

51 Zhen 震 Der Schock (Donner)

Etwas Furchtbares scheint geschehen zu sein, weshalb man erschrocken ist. Doch dann entpuppt es sich als harmlos und man kann befreit lachen. Hinterher ist man meistens schlauer.

Unten Neun: Aus Furcht kannst du wütend werden, aber schnell bist du auch wieder guter Dinge, wenn du erkennst, dass du nicht im Recht warst.

2.Platz Sechs: Aus purer Angst hast du alles stehen und liegen gelassen und bist geflüchtet. Deine ganze Habe hast du verloren. Befreie dein Herz, dann kommt alles zu dir zurück.

3.Platz Sechs: Es sind die eigenen Gedanken und Regungen, die erschrecken. Deshalb soll man sich unablässig prüfen und an sich arbeiten, bis die negativen Gefühle nicht mehr auftauchen. Dann kann man fröhlich sein.

4.Platz Neun: Dein Verlangen führt dich in den Schmutz. Du bist erschrocken über dich selbst. Es ist alles schon am 3.Platz gesagt.

5.Platz Sechs: Immer wieder wird dein Herz erschüttert. Was ist nur los mit dir? Du musst die Ruhe in dir finden und nicht in äußeren Dingen suchen.

Oben Sechs: Um deine Ängste zu überwinden suchst du Zerstreuung. Du bist im Innern ruhig, doch fürchtest du dich vor dem Außen. Du siehst in deinen Mitmenschen Feinde, obwohl sie deine Freunde sein wollen.

52 Gen 艮 Aufrecht (Berg)

Du bist aufrecht wie ein Berg, in innerer Ruhe. Doch du bist auch in Bewegung. Dabei bleibst du in deinem eigenen Bereich, gehst nicht unter Menschen. Eine Zeit der Meditation. Dein Blick geht nach innen.

Unten Sechs: Hier ist einer aufgezeigt, der noch nicht die Ruhe bewahren kann. Du glaubst, dringend etwas tun zu müssen. Dein Zehen bewegen sich. Es ist kein Makel, sich nicht zu bewegen.

2.Platz Sechs: Ja, du findest Gefallen an der Ruhe und möchtest gleich allen Menschen davon berichten. Doch du bist noch ein Anfänger. Kümmere dich erst einmal um dich selbst.

3.Platz Neun: Auf der Hälfte des Wegs angehalten. Was nun? Es geht weder voran, noch kannst du bleiben. Du darfst deine Aufrichtigkeit nicht verlieren.

4.Platz Sechs: Das Herz ist in ständiger Bewegung, auch wenn der Körper ruhig erscheint. Bewegt sich der Körper, dann soll das Herz ruhig bleiben.

5.Platz Sechs: Auch wenn du redest, bleibst du ruhig. Deine Worte kommen aus tiefstem Herzen und sind aufrecht wie deine Gesinnung. Das ist es, was wir Weisheit nennen.

Oben Neun: Alles ist zur Ruhe gekommen und doch bewegst du dich. Das ist die Natur des menschlichen Wesens. Das ist höchstes Glück.

53 Jian 漸 Die Entwicklung

Jede Entwicklung hat ihre eigene Zeit. Nichts kann beschleunigt werden, sonst schießt es über das Ziel hinaus. Halte dich an den natürlichen Rhythmus und die gesellschaftlichen Konventionen.

Unten Sechs: Du bist noch jung und unerfahren. Du begibst dich in neue Bereiche, die dir fremd sind. Vielleicht gibt es Kritik, aber es gibt keine Strafe.

2.Platz Sechs: Du kannst für dich sorgen und du sollst es auch. Werde selbständig, dann kannst du froh sein und deinen Weg gehen.

3.Platz Neun: Drängst es dich von innen und du gehst weg, dann verlierst du die Heimat und es droht Gefahr. Bleibst du, dann wirst du von außen bedrängt, aber du kannst diese Gefahr abwenden. Ganz gleich wie du dich entscheidest, du musst dich bewähren.

4.Platz Sechs: Allmählich kommst du in sichere Gefilde. Auch wenn noch schwierige Aufgaben zu bewältigen sind, machst du keine Fehler.

5.Platz Neun: Auch wenn dich dich deinem Ziel nahe fühlst, so ist deine Entwicklung noch nicht abgeschlossen. Es braucht noch Zeit und Geduld, aber am Ende winkt der Erfolg.

Oben Neun: Deine Entwicklung ist abgeschlossen und du hast dich zu einem freien Wesen gewandelt. Du lebst in der Welt, aber die Nöte der Welt beunruhigen dich nicht.

54 Gui Mei 歸妹 Die Heirat

Das Zeichen entspricht nicht der Entwicklung, denn es wird vorschnell gehandelt. Es wird eine Verbindung eingegangen, die vielleicht notwendig erscheint. Doch sie ist leichtfertig.

Unten Neun: Die Braut ist jung und unerfahren, sie braucht die Unterstützung einer reifen Frau. Wenn man schon meint, diese Verbindung eingehen zu müssen, sollte man für den Anfang Hilfe in Anspruch nehmen.

2.Platz Neun: Blickst du in die Zukunft, so siehst du dich wieder alleine. Das kann passieren, denn alles war überstürzt. So geht man nicht eine dauerhafte Verbindung ein.

3.Platz Sechs: Diese Hochzeit ist geplatzt, die Braut kehrt zurück zu den Eltern. Wenn du ihr folgst, begibst du dich auf die unterste Stufe. Du würdest alles verlieren. Nimm den kleineren Verlust hin und bewahre deine Ehre.

4.Platz Neun: Eine Verbindung, die nicht zustande kommt. Das ist besser. Alle können ihren richtigen Platz finden und frei miteinander kommunizieren. Es gibt keinen Streit.

5.Platz Sechs: Auch wenn hier nicht alles mit rechten Dingen zugegangen ist, so hat sich doch niemand über den anderen hinweg gesetzt. Letztlich kann hieraus einen dauerhafte Verbindung entstehen.

Oben Sechs: Hier kommen zwei zusammen, die beide Nichts mitbringen. Eine große Enttäuschung. Deshalb gibt es auch keine Vereinigung.

55 Feng 豐 Der Reichtum

Feng meint kein materielles Vermögen, sondern eine innere Erfülltheit. Wie die Sonne am Mittagshimmel hell erstrahlt ist hier jemand gemeint, dessen Herz für alle Menschen offen ist.

Unten Neun: Wenn auch noch nicht der Reichtum erlangt ist, so ist man doch auf dem richtigen Weg. Geht man weiter, so wird bald alles im hellen Licht erstrahlen.

2.Platz Sechs: Statt zu erhellen verdunkelt dieser Reichtum deinen Geist. Überheblichkeit lässt dich den Weg verlieren und du irrst umher. Nur mit einem starken Willen wirst du die Zweifel überwinden und wieder ins Licht finden.

3.Platz Neun: Man ist geblendet vom eigenen Licht und daher blind für die Welt. Man glaubt die Sterne zu sehen statt der Sonne. Man fällt und bricht sich den Arm.

4.Platz Neun: Auch hier sieht man nicht die Wahrheit, sondern ist verblendet. Aber jemand kommt zur Hilfe. Es braucht Zeit, bis du die Dinge in die richtige Ordnung gebracht hast, aber dann wirst du wieder zurückfinden zu deinem Selbst.

5.Platz Sechs: Obwohl es nicht dein Vermögen ist sondern das der anderen, darfst du es nutzen und ein Fest feiern.

Oben Sechs: Der Reichtum entfremdet dich deiner Familie und anderer Menschen. Was hast du nun davon? Du hast alles nur für dich gewollt. Nun geht deine Sonne unter.

56 Lu 旅 Unterwegs

Du begibst dich auf Reisen, zumindest bist du nicht im eigenen Heim. Da fügt man sich bescheiden in die Gegebenheiten und stellt keine Ansprüche. Der Weg ist dein Freund und Begleiter.

Unten Sechs: Deine kleinlichen Pläne, sie sind zu klein. Nimmst du dich nicht ernst, nehmen dich auch die Menschen nicht ernst.

2.Platz Sechs: Du findest Unterkunft und Unterstützung. Auch bist du nicht unvermögend, so ist deine Reise gesichert. Es ist die richtige Zeit und es ist der richtige Weg.

3.Platz Neun: Schlechte Zeiten, die Unterkunft verloren und auch die Hilfe. Das hast du dir aber selbst zuzuschreiben, denn du hast deine Beherrschung verloren.

4.Platz Neun: Du findest einen Platz und Arbeit. Man könnte meinen, nun sei alles gut. Aber dich zieht es weiter. Dein Herz hat noch nicht entschieden.

5.Platz Sechs: Weil man dir vertraut, gewinnst du und weil du vertraust, ist dein Verlust gering. Man ehrt dich und du scheinst eine Heimat gefunden zu haben.

Oben Neun: Du hast gestritten und warst hart und hochmütig. Da zeigt man dir die Tür. Nun stehst du wieder auf der Straße, hast weder Gefährten noch Gefährt. Und das alles wegen eine Lapalie. Am Anfang warst du freiwillig unterwegs. Jetzt gezwungenermaßen.

57 Xun 巽 Nachgiebig (Wind)

Nachgiebig und bescheiden kannst du deine Reise fortsetzen. Suche Unterstützung bei jenen, die Kraft und Wissen haben. Überwinde die Gegensätze um die Trennung zu beseitigen. Dann kann dein Handeln fruchtbar sein.

Unten Sechs: Unentschlossenheit und Zweifel lassen dich nicht voran kommen. Du brauchst die Unbeirrbarkeit eines Kriegers, der sich nicht zurück zieht.

2.Platz Neun: Du holst dir Rat bei Experten und Therapeuten, da du nicht alleine weiter weißt. Das ist Nachgiebigkeit zur richtigen Zeit.

3.Platz Neun: Wer zu nachgiebig ist, oder immer wieder, der wird nicht ernst genommen. Das ist dann bedauerlich, denn eigentlich ist es eine gute Eigenschaft.

4.Platz Sechs: Indem du nachgegeben hast, hast du dreifachen Gewinn erzielt. Was als Schwäche ausgelegt wurde, war taktisch klug. Damit kannst du Eindruck schinden.

5.Platz Neun: Ein Zyklus neigt sich dem Ende zu. Alles war gut und wenn du weiterhin gütig bist, wird sich auch ein neuer Anfang zeigen. Warte ein paar Tage.

Oben Neun: Du verlierst dein Vermögen und du verlierst deine Arbeit. Du begibst dich wieder an den Anfang und brauchst auch hier die Klarheit eines Kriegers. Lass trotz der negativen Situation keine Zweifel aufkommen.

58 Dui 兌 Austausch (Niederung)

Werden Wissen oder Waren ausgetauscht, dann sind de Menschen glücklich. Wovon man hat, zu geben und dafür zu bekommen, was fehlt, das schafft Harmonie und Gleichgewicht.

Unten Neun: Folge dem natürlichen Bedürfnis nach harmonischer Gemeinsamkeit. Werde eins mit dir, dann kannst du auch eins werden mit anderen.

2.Platz Neun: Wenn du im Vertrauen nicht dein Selbst verlierst, vertrauen dir auch die Menschen. Folge deiner inneren Natur.

3.Platz Sechs: Auch wenn alles sehr gut aussieht, dann verliere nicht dein Selbst. Wird die Freude zu groß, geht das Maß verloren. Schon irrst du umher.

4.Platz Neun: Ach dieser ständige Zweifel, der innere Widerstreit zwischen den Freuden der Welt und der Freude des Herzens. Kannst du nicht sehen, das beides das Gleiche ist.

5.Platz Neun: Da du mit Menschen Umgang pflegst, ohne auf Schmeicheleien zu achten oder selbst zu schmeicheln, geht alles seinen natürlichen Gang. Auch wenn es langsam voran geht, ohne es zu bemerken, es geht voran.

Oben Sechs: Wenn einer mit schlechtem Beispiel voran geht, aber niemand folgt, ist es gut für alle. Wenn einer mit gutem Beispiel voran geht, aber niemand folgt, dann ist es gut für den Einen.

59 Huan 渙 Zerstreuung

Haben die Menschen keinen inneren Zusammenhalt mehr, dann löst sich auch der äußere Zusammenhalt auf. Die Autorität schwindet. Deshalb muss man Mittel kennen, um die Menschen wieder zu versammeln.

Unten Sechs: Bist du großzügig zu den Menschen, können sie Kraft sammeln und wenn sie kräftig sind, können sie auch wieder zusammenfinden. Es ist ihre Schwäche, weshalb sie sich Zerstreuen.

2.Platz Neun: Mischst du dich unter die Menschen, um sie zu sammeln, dann begibst du dich auch in Gefahr. Bist du aber ruhig, kannst du auf die Menschen einwirken.

3.Platz Sechs: Zerstreue deine egoistischen Gedanken. Weder Erfolg noch Misserfolg sollen dich berühren. Sei davon frei und tue, was zu tun ist.

4.Platz Sechs: Befreie dich nicht nur von deinem Ego, sondern auch von deinen Freunden. Ihr werdet nicht verloren gehen, sondern in etwas Größerem euch wiederfinden.

5.Platz Neun: Du bleibst ruhig und gelassen, obwohl sich alle von dir abwenden und in alle Richtungen zerstreuen. Weil du ruhig bleibst, werden die Guten umkehren und zu dir kommen.

Oben Neun: Die Familie zerstreut sich. Es gibt keine Bindung und du kannst dich entfernen, ohne dass man dich zur Rechenschaft zieht. Du gehst weit.

60 Jie 節 Verbindung

Eine Grenze trennt zwei Staaten, aber sie ist auch die Verbindung. Wo zwei Teile miteinander verbunden sind, können sie auch wieder getrennt werden. Gehst du eine Verbindung ein, sei dir der möglichen Trennung bewusst.

Unten Neun: Halte an der Verbindung fest. Denke nicht daran, neue Wege einzuschlagen. Warte auf den richtigen Zeitpunkt, dann kannst du handeln, ohne zu schaden.

2.Platz Neun: Dir stehen alle Wege offen, aber du hältst an der Verbindung fest. So werden die Chancen mit der Zeit weniger und zum Schluss hast du dich selbst gefangen.

3.Platz Sechs: Du bist übermütig, freust dich, verbunden zu sein und machst alles zu fest. Dann ist keine Bewegung mehr möglich. Hier wird deutlich gewarnt.

4.Platz Sechs: Eine Verbindung, die Freiheiten lässt. Damit ist der Frieden gesichert. Wenn man großzügig sein kann, ohne sich zu zerstreuen, sind alle Beteiligten glücklich.

5.Platz Neun: Eine liebevolle Verbindung, an der es keine Zweifel gibt. Man bleibt zusammen und setzt den gemeinsamen Weg fort.

Oben Sechs: Man bleibt zusammen, aber ist nicht glücklich. Die Herzen verbittern und man wird einander müde. Niemand wagt es, die Verbindung zu lösen, aus Furcht, zu verletzen. So bleibt der Schmerz bestehen.

61. Zhong Fu 中孚 Tiefes Vertrauen

Hat man tiefes Vertrauen, lassen sich auch große Schwierigkeiten überwinden. Wartet man auf den richtigen Zeitpunkt, erledigen sich die Aufgaben wie von selbst.

Unten Neun: Am Anfang hat man tiefes Vertrauen. Kommen Zweifel oder selbstsüchtige Gedanken, gerät das Herz in Unruhe. Dann ist es vorbei mit der fröhlichen Gelassenheit.

2.Platz Neun: Wie ein Kind der Mutter vertraut, so kommen auch hier die Gefühle aus sicherer Tiefe. Man kann zusammen trinken und fröhlich sein und muss nichts fürchten.

3.Platz Sechs: Du findest einen Partner, aber er trägt nicht das tiefe Vertrauen in sich. So kommen Zweifel auf und man geht nicht weiter. Dann vergeht das Lachen und es entsteht Traurigkeit.

4.Platz Sechs: Obwohl alles sich prächtig entwickelt, wirst du nicht glücklich. Verlasse deine Gesellschaft und gehe deinen eigenen Weg. Folge dem inneren Kompass.

5.Platz Neun: Die Menschen zeigen Gefühle, doch sie sind nicht echt. Du spürst es und kannst nicht vertrauen. Lass dich nicht täuschen.

Oben Neun: Sie streben alle nur nach Ruhm und Ehre, obwohl sie klug und erfahren sind. Aber sie begreifen nicht, dass ihre Sucht ins Unglück führt. Nur wenn du das tiefe Vertrauen nicht verlierst, kannst du dich befreien.

62 Xiao Guo 小過 Etwas zuviel

Es ist besser, einfach zu leben, als zu dick aufzutragen. Geschieht es nur vorübergehend, gibt es kein Problem. Gibt man sich aber der kleinen Übertreibung dauerhaft hin, wird man letztlich Schaden leiden.

Unten Sechs: Hier verschwendet einer seine Kraft. Möchte man aufhören, kann man nicht. Man lässt sich von den Gefühlen leiten, aber diese sind wechselnd und man verliert seine Orientierung.

2.Platz Sechs: Schießt du über das Ziel hinaus, oder wagst du dich nicht weit genug, dann verpasst du den richtigen Augenblick. Es geht darum, das rechte Maß zu erkennen.

3.Platz Neun: Etwas zu viel kann gefährlich werden. Man gerät in eine missliche Lage und muss, um sich zu retten, gegen das Gesetz verstoßen.

4.Platz Neun: Geht man unbekümmert zu weit, kann man einer Person begegnen, die weit über einem steht und man weiß nicht, wie man sich verhalten soll. Da ist es klug, sich vorzubereiten.

5.Platz Sechs: Es ist, als ob der Himmel sich verfinstert, aber kein Regen fällt. Man hat sich viel vorgenommen, aber es trägt keine Früchte.

Oben Sechs: Man hat sich weit vor gewagt und jenen, dem man begegnen wollte, überholt. Nun ist man doch wieder allein. Da wäre es besser gewesen, von Anfang an seine Kräfte zu sparen.

63 Ji Ji 既濟 Nach dem Erfolg

Auf Herz und Nieren geprüft stellt sich der Erfolg aller Bemühungen ein. Jetzt heißt es achtsam bleiben, damit es erhalten bleibt. Einfache Menschen vergeuden schnell ihren Gewinn für leichtfertige Vergnügen. Der Kluge sorgt vor für schlechte Zeiten.

Unten Neun: Alles scheint in bester Ordnung, doch es gibt noch immer kleine Unstimmigkeiten. Sie brauchen nicht von Bedeutung sein, wenn man vorsichtig ist.

2.Platz Sechs: Auch wenn man dir den Erfolg neidet und man dich bloßstellen will, gehst du unbeirrt weiter.

3.Platz Neun: Vielleicht willst du deine Erfolg ausweiten, aber hüte dich davor, in Streitigkeiten verwickelt zu werden. Das sind Methoden der schlichten Gemüter. Du sollst darüber erhaben sein.

4.Platz Sechs: Nach dem Erfolg droht der Niedergang. Was andere für Abfall halten, nutzt du, um Misserfolge zu vermeiden.

5.Platz Neun: Es ist besser, mit dem Herzen bei der Sache zu sein als mit großen Gesten. diese werden früher oder später durchschaut und man würde dich auslachen.

Oben Sechs: Es treten Schwierigkeiten auf, die du nicht vorhergesehen hast. Das könnte alles zunichte machen. Aber es gibt einen Ausweg. Lass dich nicht von zögerlichen Menschen aufhalten, und du wirst ihn finden.

64 Wei Ji 未濟 Ohne Erfolg

Nichts ist an seinem Platz, deshalb gibt es keinen Erfolg. Aber es kann sich alles ändern und letztlich zum Erfolg führen. Nur wenn du die nötige Kraft aufbringen kannst, wirst du erfolgreich sein. Schaffe Ordnung.

Unten Sechs: Völlig unvorbereitet eine große Aufgabe angegangen. Wie kannst du da hoffen, erfolgreich zu sein. Es mangelt an Kraft, etwas bis zu Ende zu führen.

2.Platz Neun: Bremse den Weg in den Verfall. Suche nicht weiter nach Erfolg, dann vermeidest du den Misserfolg. Kannst du dein Ziel nicht erreichen, ist es klüger, vorher die Richtung zu ändern.

3. Platz Sechs: Wenn du nicht stark genug bist, solltest du keine großen Unternehmungen starten. Es sei denn, du kannst dir die Stärke anderer nutzbar machen.

4.Platz Neun: Mit vereinten Kräften und mit viel Geduld kann man sich dem Erfolg nähern. Auch wenn es dauert, es wird letztlich eine Große Freude sein. Aber man muss geduldig sein. Dann braucht man die anfängliche Schwierigkeiten nicht bedauern.

5.Platz Sechs: Alle Schwierigkeiten überwunden und sich nicht vom Weg abbringen lassen. Die Ruhe bewahrt und gewartet. Das ist ein Erfolg im Misserfolg.

Oben Neun: Vielleicht ohne Erfolg, aber weiterhin voller Vertrauen. Dann kann man auch fröhlich sein und ein fest feiern. Man versucht immer und immer wieder.

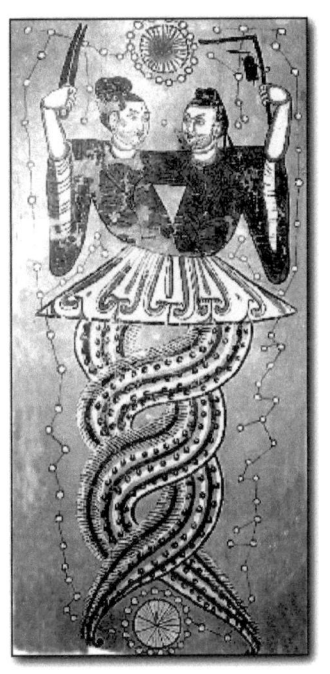

先天
卦位

以上皆由河圖而推其所以然之理

乾　兌　離　震　巽　坎　艮　坤

金　火　木　水　土

天　澤　火　雷　風　水　山　地

天　月　日　　　　地

天清地寧

此即濂溪先生所
繪之圖中即无極

太極

无極

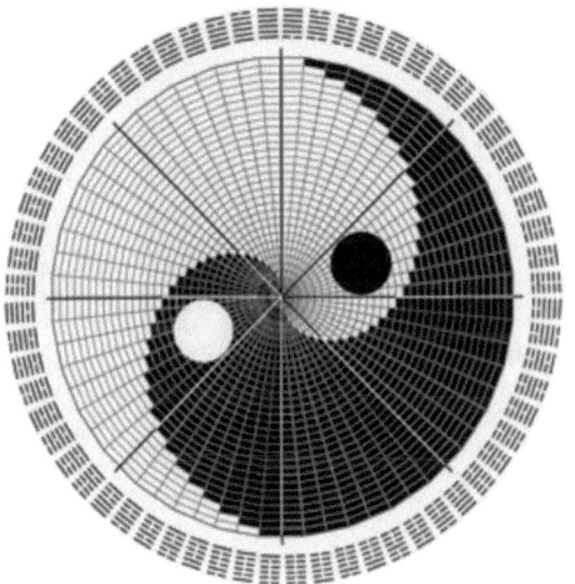

Capt. Swings
geheime Bibliothek

An einem geheimen Ort lagert ein Schatz von Büchern, voller Staub und dem Wissen der Menschheit. Ein Team begeisterter Forscher arbeitet sich durch die Stapel. Ständig wieder überrascht von den verschiedenen Themen, die leider nicht geordnet wurden. Nein, eine Ordnung gibt es nicht.

Web: captswing.jimdofree.com
Instagram: captswings
facebook.com/captswings
Twitter: @CaptSwings

Latein für Alle

Latein ist eine alte Sprache, eine tote Sprache, eine Sprache für Akademiker, die sich damit wichtig tun. Wozu
Latein? Nun, um sich auch wichtig zu tun? Oder die
Wichtigtuer zu verstehen und ihnen vielleicht sogar Kon-
tra geben zu können.

Paperback 70 Seiten
ISBN-13: 9783755700265
7,95 €

Altes Brot

Melanie Koßmann zeigt mit 50 Rezepten, wie man altes Brot in köstliche Speisen verwandelt und somit auch noch Geld spart.
Man kann alte Brotreste in Vorspeisen, Hauptgerichten, beilagen sowie Desserts hervorragend weiter verwerten.

Paperback 110 Seiten
ISBN-13: 9783755700920
9,95 €

Das kleine Bruschetta-Buch

Die 40 besten Rezepte

Bruschetta war in früheren Zeiten ein „Arme- Leute-Es-sen" und ist ein italienisches Antipasti. Es gibt unzählige Variationsmöglichkeiten, von einfach bis extravagant, von traditionell bis zu Gourmet-Crostinis.

Paperback 96 Seiten
ISBN-13: 9783755701279
9,95 €

Das LSD Tattoo
und andere urbane Legenden

Auf der Party, in der Kneipe, am Arbeitsplatz, im Warte-
zimmer, beim Friseur, überall, wo man Zeit hat und sonst
schon alles gesagt wurde, dort finden sie Verbreitung: Die
modernen Mär- chen, urbane Legenden, Geschichten die
zu schön sind um nicht wahr zu sein.

Paperback 72 Seiten
ISBN-13: 9783755710998
7,95 €

Liköre selbst gemacht

Selbst gemachter Likör ist immer ein wundervolles Geschenk aus der Küche, welches von Herzen kommt! Ob
als Dankeschön für liebe Menschen, als kleines Präsent
an Festtagen oder als herzliches Mitbringsel zu einer Ein-
ladung.
Wenn der Likör dann noch in der einer phantasievollen
Flasche mit selbstgemaltem Etikett steckt, ist er ein echtes
liebevolles Unikat.

Paperback 88 Seiten
ISBN 9 783755 715504
8,95 €

Ballonspiele

Du kennst mich schlaff, du kennst mich rund, ich mache alle Feste bunt.

Jetzt hol tief Luft und pust´ mich auf, denn spielen kannst du mit mir auch!

Paperback 72 Seiten
ISBN 9 783755 716587
7,95 €

Die 50 besten **Streichholzrätsel**

Auf den ersten Blick sieht es ganz einfach aus. Und dann liegt ein Hölzchen daneben oder fehlt oder man hat sich total verlaufen. Streichholzrätsel sind immer ein kleiner Spass und wer sich mit den besten auskennt, kann immer wieder andere damit verblüffen.

Demnächst in Capt. Swings geheimer Bibliothek

**Capt. Swings
geheime Bibliothek**